U0124164

蔡志忠大全集
小說

蔡志忠大全集出版序

郝明義

蔡志忠有一次演講的主題是：「每個小孩都是天才，只是媽媽不知道——每個人都能厲害一百倍，只是自己不相信。」

他的結論是：永遠要相信孩子，鼓勵孩子做他們想做的。

而他從小到大，人生過程中一直都在實踐做自己想做的事，自己可以厲害一百倍的信念。

1.

蔡志忠是彰化鄉下的小孩。但是因為有這種信念，他四歲決心要成為漫畫家，十四歲一個人身上帶著兩百五十元台幣出發去台北工作，成為職業漫畫家。

他不只先畫武俠漫畫，後來又成為動畫製作人，還創作各種題材的四格漫畫，然後在

民國七十年代以獨特的漫畫風格解讀中國歷代經典，立下劃時代的里程碑，不只轟動臺灣，也包括整個華人世界、亞洲，今天通行全世界數十國。

而漫畫只是蔡志忠的工具，他使用漫畫來探索的知識領域總在不斷地擴展，後來不只進入數學、物理的世界，並且提出自己卓然不同的東方宇宙觀。

整個過程裡，他又永遠不吝於分享自己的成長經驗、心得，還有對生創的體悟，一一寫出來也畫出來。

2.

因此我們企劃出版蔡志忠大全集。

因為只有以大全集的編輯概念與方法，才比較可能把蔡志忠無所拘束的豐沛創作內容，以及其背後代表他的人生信念和能量，整合呈現。

這樣，讀者也才能從兩個方向認識蔡志忠。一個方向，是從他創作的作品中，共享他解讀的各種知識、觀念、思想、故事；另一個方向，是從他廣潤的創作分野中，體會一個人如何相信自己可以厲害一百倍，並且一一實踐。

蔡志忠大全集將至少分九個領域：

一、儒家經典：包括《論語》、《孟子》、《大學》、《中庸》及其他。

二、先秦諸子經典：包括《老子》、《莊子》、《孫子》、《韓非子》及其他。

三、禪宗及佛法經典：包括《金剛經》、《心經》、《六祖壇經》、《法句經》及其他。

四、文史詩詞：包括《史記》、《世說新語》、《唐詩》、《宋詞》及其他。

五、小說：包括《六朝怪談》、《聊齋誌異》、《西遊記》、《封神榜》及其他。

六、自創故事：包括《漫畫大醉俠》、《盜帥獨眼龍》、《光頭神探》及其他。

七、物理：《東方宇宙三部曲》。

八、人生勵志：包括《豺狼的微笑》、《賺錢兵法》、《三把屠龍刀》及其他。

九、自傳：包括《漫畫日本行腳》、《漫畫大陸行腳》、《制心》及其他。

3.

一九九六年大塊文化剛成立時，蔡志忠就將《豺狼的微笑》交給我們出版，成為大塊創業的第一本書。

非常榮幸現在有機會出版蔡志忠大全集。

我們對自己也有兩個期許。

一個是希望透過出版，能把蔡志忠作品最真實與完整的呈現。

一個是希望透過出版，能把蔡志忠作品和一代代年輕讀者相連結，讓每一個孩子、每一個年輕的心靈，都能從他作品中得到滋養和共鳴，做自己想做的事，讓自己厲害一百倍。

鬼狐仙怪 5

蔡志忠漫畫

Tsai Chih Chung

The Collection of Chinese Fairy Tales and Fantasies

目錄

第十二篇　板橋十三娘子

唐汴州西有板橋店。店娃三娘子者，不知何從來，寡居，年三十餘。無男女，亦無親屬。有舍數間，以鬻餐為業，然而家甚富貴，多有驢畜。往來公私車乘，有不逮者，輒賤其估以濟之。人皆謂之有道，故遠近行旅多歸之。

地域之爭

各位看官好，現在為您推出新戲…

《板橋十三娘子》演的是人變驢的劇情。
板橋十三娘子

為何不演羊而演驢？
為何選板橋？是看不起三重、新莊的兄弟？
看不起三重幫！
三重
新莊
我要抗議！

有利有弊

抗議
板橋人
演壞女人的故事，還敢用板橋的地名，是不是侮辱我們！

新店
樹林
新莊
三重
各位請息怒，想改地名也行，只怕各位不答應。

新莊
《板橋十三娘子》演的是壞女人的故事，沒什麼好爭取的。
原來如此！

那就算了。
總算平息抗議，解決片名的問題。

稱謂由來

話說板橋有位婦人名叫板橋十三娘子……
十三娘是因為妳排行十三？
不是！

是因為妳當第十三號妾室？
也不是。

是因為嫁過十三任丈夫，破了世界紀錄！

豐厚遺產

板橋十三娘子因為命中剋夫，每任先生皆死，故連嫁了十三次……

命中剋夫，天生命苦，真值得同情。

誰說命苦？剋夫也挺好。

光瞧十三位丈夫留下的遺產就可證明。

首要任務

十三娘子雖然嫁過十三任丈夫，不過目前卻是小姑獨處……

十三娘子，我為妳找到好男人可以做妳十四任丈夫。

多謝妳的好意，不過婚姻生活已不再是我追求的目標……

貞節牌坊
為十三任丈夫守節贏得貞節牌坊才是我的首要任務。

老謀深算

十三位亡夫的遺產是筆大數字，可用來經營生意。
$!

人離不開衣食住行，就做旅店這門生意吧。

7－11
24 小時服務
開客棧，營業時間長，可排解寂寞……

每天還可以接觸各地來的男人，打發時間。

觀光重點

要開店就要開大的。

觀光飯店才夠國際化。
板橋
觀光大飯店

這裡沒有名勝古蹟，要觀光什麼？
誰說沒有？

可以觀光老板娘的身材啊。

收入來源

客棧一開張，果然生意興隆，旅客盈門……
板橋
觀光大飯店

價錢真便宜。
開張期間大優惠，住宿只要三文錢。
住宿
三文錢

價錢定得這麼低，不怕虧錢？
放心！不會有問題。

開旅店主要收入來源不是住宿，而是休息。
休息
五百文

賓至如歸

賓客有進無出，符合旅館業的營業宗旨。

心狠手辣

把變來的驢賣錢，順便沒收他們的行李。

妳這樣做太傷天害理！

把規矩的旅人變成驢，已經夠客氣了…

那些來休息野合的情侶，我會把他們變為狗男女！

精緻農業

將人變驢的祕訣是用盆土種植糧食。

再用木人木牛耕作盆土。

這麼小的耕地，怎會合乎經濟效益？
只要耕作高價值作物便可以。

響應政府推行精緻農業。

農耕改良

包藏禍心

人口問題

早餐免費供應驢記餡餅。
真好吃。
太棒了！

一吃見效，變成驢。

妳做這等傷天害理之事，不怕死後會下地獄？
把人變驢是好事，怎麼會下地獄？

如此不正好解決了世界人口膨脹問題。

親身體驗

大家都説妳賣出的驢子來源有問題。

你先吃個驢記餡餅就會明白。

姓氏所累

話說江南某地有位書生叫作吳用……

爹為我取名「用」，是要勉勵我成為一個有用的人。

吳用！
無用！
……
無用的人！
無用的東西！

姓氏不好，好名也變成壞名！

名不虛傳

吳用的智商很高，

人稱他為「智多星」。

你智商有多少？敢稱自己為智多星？

全身上下共三百多顆痣，還不夠格稱痣多星？
果然名不虛傳！

由繁入簡

吳用資質好，
又啟蒙得早，
四歲就開始讀四書⋯
大學

四歲即讀《大學》，
不讀幼稚園大班。
大學

他長大後棄儒從道，
改鑽研《易經》⋯⋯
易經

長大了不讀難的，反而改念容易的！
易經

空無境界

零代表圓融無缺，是個好數字。

試卷全部沒答，還要強辯？

有屋階級

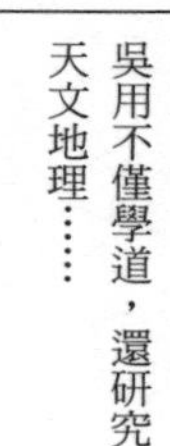
吳用不僅學道，還研究天文地理……

天文地理

他身著道袍，頭戴方巾，
一身道家方士打扮，
瀟灑無比……

戴這頂方帽，代表修道到什麼階級？

有屋階級！

昂貴菜價

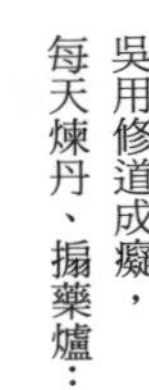

吳用修道成癡，
每天煉丹、搧藥爐……

你整天煉丹不工作，難道要我養你一輩子？

我吃得又不多，而且每餐只吃素不吃肉。

正因為你吃素不吃肉，伙食費才多！
雞肉30元
白菜80元

謀生技能

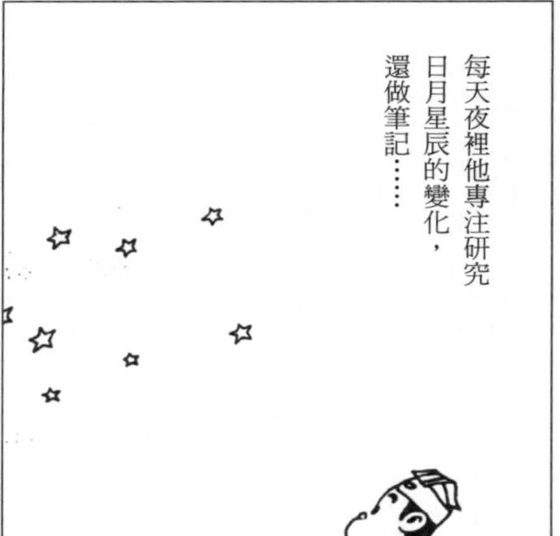
每天夜裡他專注研究日月星辰的變化，還做筆記……

火星遮日，白狼星走到命宮……

你研究日月星辰就能混飯吃？
能。

可以替人排紫微斗數算命！

風水座向

特殊職業

命 相

看手相去推算人的根底並不難，從手掌就能觀出一二。

柔軟的手必是富家子弟，粗糙的手則是莊稼漢。

這手又細又柔又白，到底幹的是哪一行？

吃軟飯的牛郎！
命 相

靈魂之窗

看面相也很簡單，五官只要看眼睛就可以。
面相
額
眉
耳
鼻
口
頰
相命

孟子曰：觀人觀其眸。眼睛是靈魂之窗，不會騙人。

仔細看就能看穿一個人心裡的祕密。

你盯得令人意亂情迷！

科學依據

你能算出我的命有多長嗎？
行。
命 相

不用看手相，請解開你的上衣。

算命不看生命線，卻看肚皮？
這樣才有科學依據。

你有高血壓，膽固醇又過多，再不戒酒戒肉減肥，只能活到四十幾歲。

靈活變通

命
相

我的運道很差，請幫我改個運。
寫上你的生辰八字和姓名。
命
相

林雨，上字八畫，下字八畫，姓名的筆畫不行。
林雨

是不是得改個名？
不必。

只要改用篆刻的寫法就行。
!
林
雨

順風順水

除了算命，你也幫人看風水？
看命看運看氣我都在行。

你瞧我這片產業風水如何？

風，倒是普通，不值得一提……

水，清澈甘甜，可開發賣礦泉水。

開張大吉

就決定開發賣礦泉水，請賜一副門聯，好博個開張大吉。
行。
右聯是「一發靈」！
180
左聯是「一路發」！
180
168
橫批是……「發發發發」！
好彩頭！
8888
168
180

墓地風水

我想找塊墓地，你也會看墓地風水地理嗎？
行。

選墓地與活人的住家一樣，視野明朗寬敞的就是居家好環境。

地勢高的好過低的。
原來風水也是勢利眼，喜歡趨高避低。

低窪墓地屍骨泡水，當然不受我們歡迎。

不宜出行

得不償失

人潮洶湧

命
相

就在這小鎮找個人潮聚集點擺攤做算命生意。

這裡磁場高到極點，等一下必定人潮洶湧，生意做不完。

哈哈，攤剛擺好，人潮就到！
嘩嘩嘩！
嘩嘩嘩！
命
相

算命啊！先來算個生死吧！
殺！
殺！
竹簾幫
四湖幫

一語中的

來晚一步

先生真是神算，算得一點也不差。

哪裡。

受災對象

命相

來算命呀！只要五文錢！
命相

朋友！請聽我勸告，你面帶凶煞，必有兵刃災厄發生！

這小子能未卜先知啊，算得很準！哈哈哈！
哈哈哈！

只算錯了一點，凶煞是我沒錯，但受兵刃之災是你。
饒命啊！
嘻嘻嘻！

拜碼頭

我乃此地的角頭，到此擺攤都得繳保護費拜碼頭。

瞧！本人正是刀疤老六！

刀疤不稀奇，我也有，三歲就留下此記。
這是哪位大俠留下的標記？

是台大外科醫生的手筆。
……

實事求是

看走了眼

雖然沒錢孝敬，但可以免費為兩位算個命。
好！我先來。

你紅痣生嘴邊，大吉大利，一生免為衣食操心，可吃遍四海。

這不是痣，是青春痘！

軟的不行只好來硬的！
啊！

各有憑仗

四十走鼻運，你的鼻大又圓紅，一定有鴻運到來。

五十走嘴運，你的鬍翘，牙又寬大，老年時可吃盡四方無虞。
嘻嘻嘻⋯

靠這一張嘴我將來肯定會走好運。

靠這一張嘴，我剛剛度過一個厄運。
命
相

獨家壟斷

請問貴寶地可有旅店？
本鎮最大的客棧是板橋觀光飯店。
板橋觀光飯店

不不不，不用最大的，小的就可以……
行。

最小的客棧也是板橋觀光飯店，本鎮獨此一家，別無旅店。
板橋觀光飯店

陰盛陽衰

一分錢一分貨

我要一個房間，請問一夜多少錢？
房間的種類很多，從貴的到便宜的都有。

總統套房一夜收費一千文。
不不不！便宜一點的就可以。
1000 文

最便宜的要數摘星樓，一夜只收一文錢。

住在上面視野寬廣，空氣又新鮮。

重要角落

我想先吃晚飯，可有供應？
行，餐廳隨便找個桌子坐。
人的命盤各有方位，怎麼可以隨便坐？
我的方位是東北角，就坐在東北角那桌。
真巧，那也是本店最重要的角落……

確實是重要…
WC

避重就輕

冠夫姓

老板娘，大家都稱你十三娘子，妳的本名是什麼？

我的姓名太長太難記了，你不會愛聽的。
說來聽聽無妨，我可免費替妳算個命。

我叫施劉楊李蔡陳黃林廖胡魏張許阿英。
哇！頭都暈了⋯

因為我嫁了十三次，冠了十三次夫姓。
⋯⋯

見多識廣

既然嫁過十三次，現在單身怎麼熬得住寂寞之苦？

沒丈夫也有好處，可做個快樂的單身女郎。

而且我做的是旅店生意，守寡一點也不辛苦。

板橋觀光大飯店
夜夜回家的是各式不同的男人。

擾人清夢

投宿的客人愈來愈多了，你快去休息吧！

只怕到時候音樂太吵你會睡不著。
貴店會放安眠曲？

不著急，我晚睡慣了，一更再睡也不遲。

是鼾聲交響曲…

鼾聲四起

與其聽鼾聲不如聽蟲鳴聲。

這等好事

啊！流星…快一點許願。

我希望來世能出生在大富人家，家財萬貫，妻妾成群、五子登科、大富大貴…

有這等肥缺，我自己就去轉世了，哪輪得到你？

指驢為騾

板橋十三娘子開客棧，為何在後院養了這麼多騾子？

虧你還是個讀書人，竟然把驢看成騾，錯得離譜！

這是驢！驢父馬母生下來的雜種才是騾。
可是我是照劇本念的台詞⋯

作者也沒知識，應該惡補動物常識。
ㄌㄨㄛˊ ㄌㄩˊ
驢
騾

暗自竊喜

驢，奇蹄目哺乳動物，體型比馬小，耳朵長，可騎或負重。

驢父馬母生下來的後代叫騾；馬父驢母生下來的叫驢騾。

可憐！做牛馬已經夠倒楣了，還做驢，真是牛馬不如。
不用同情我們，明早你吃了十三娘子的餡餅後，就會變成我們同類。

捍衛權益

咦！是誰這麼晚了還沒睡？

是十三娘子…
已經三更了，木人木牛快起來耕種囉。

!
一直都被妳欺壓不知道反抗！
自從我們參加農權會後可沒這麼好欺負。
抗議！

依勞動法規定，上大夜班得發兩倍薪水，否則就上街示威抗議遊行。
抗議！

便宜行事

耕種工作完成。

這段劇情以前早演過一次了。

舊片重播！分明是欺負觀眾……

立即見效

條件反射

最後贏家

退房結帳，一共多少錢？

先吃早餐再說，好吃房錢隨意給，若不好吃，連房錢都不要。

店主真笨，待會兒我們說不好吃，不就省了一筆房錢？
女人做生意蠢得像驢。

吃了包子變成驢的就是你。

泰然處之

客官要走了嗎？先吃些早餐吧！
！？

謝謝，不必了！我從來不吃早餐。

一日三餐，以早餐最重要，不吃怎麼可以？
好吧！

那就來一份培根蛋，蛋要兩面煎，外加橘子汁和熱咖啡！

包藏禍心

這年代哪來培根蛋？本店只供應包子和餡餅。
!

抱歉！我向來就不吃包子和餡餅。

放心，包子沒問題，其中包的是我的心意。
這才可怕啊……

俗話說，最毒婦人心！

正宗口味

你不吃就別想買單結帳離去。
那好吧！我就吃一個。

來！你也來吃一個包子。

瞧！這包子連狗都不吃，其中一定有問題。

這證明我做得道地，是正宗天津包子狗不理！

鐵血硬漢

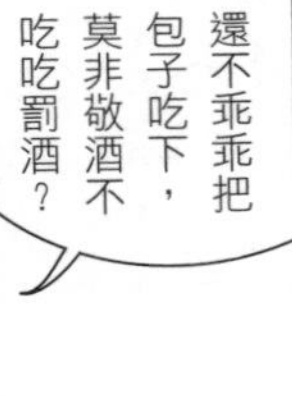
還不乖乖把包子吃下，莫非敬酒不吃吃罰酒？

吃罰酒簡單，為了謝罪，我就喝它一罈。

好個有骨氣的硬漢，我欣賞。
喝酒的男人都硬…

肝硬！
肝功能報告

吉利數字

念你是條漢子，這次就饒了你……

奇怪的是你明明面無福相，為何總能逢凶化吉？

的確我面相不好、生辰八字不好、命宮也不好……

但我好在我的身高！
身高一六八「一路發」？

有功之人

好險逃過一劫，差一點變成驢…

開黑店傷天害理，得到衙門檢舉。

板橋十三娘子施行邪法將客人變成驢，請大人快派人拘提她。

將人口變成牲口，解決人口過剩問題，獎勵她都來不及，怎麼可以拘提？

隻手遮天

大膽刁民，無事生非，再不快滾，我就以誣告罪辦你！
……

檢察官大人，我不服這個判例，我要告到高等法院去。

推事大人判得沒錯，皇后的貞操不容懷疑。

你上訴也沒有用，因為我們是推檢一體，司法獨立！
嘻嘻嘻！

官商勾結

真是昏官一群，黑白不分！

因為這飯店我有乾股百分之十七。
我有乾股百分之三十一…
驢記餡餅
板橋觀光飯店

灰色才是我的最愛，黑的白的都不喜歡。

我們三個是利益共同體。

卜算吉凶

各位親朋
好友啊！
來生再見
了⋯

來算命
吧！命運
如何只要
卜一卦便
知。

我都要跳崖
自殺了，還
算什麼命？
這更應該
要算了。

⋯⋯
可算出跳下崖去
是生？是死？還
是半身不遂！

神機妙算

不享受生命的大好時光而去尋死，真蠢得像豬一樣。

你敢罵我像豬？
那蠢得像牛一樣。

還敢罵我像牛？
不然蠢得像驢。

閣下果然真是神算，一語道破我驢大仙的真面貌。
果真是驢？

驢中雅痞

老夫正是驢族大仙，閣下替人算命，是否也能替驢算？

伯樂相馬，我相驢的技術也是一等一。

大耳有福氣、長臉壽不低、大鼻財壽雙齊，是一匹名驢。
算得一點也不錯！

我是穿名牌戴名錶、名鑽，只喝進口礦泉水的驢中雅痞。

外來人口

大仙這麼講究生活情趣，為何還要自殺？
因為無力解決驢口暴漲的問題⋯

都要怪板橋十三娘子惡意將人變驢，才會有這麼嚴重的問題。

驢口旺盛，驢多好辦事，不是更好嗎？
驢口太多，降低了驢族的生活品質不說⋯

我也不想接收人類的移民！

歪打正著

板橋十三娘子施邪術將人變驢，我也正設法想將這些驢變回人。

自我麻醉

你找不到藥方，換我來嘗百草。

哈！我找到了！

什麼草這麼有效？
吃了這草，驢子事件即不再是問題。

找到罌粟花，吃了可以麻醉自己。

黔驢技窮

為了制止板橋十三娘子為惡，沒有軟的方法，只得來硬的。

於是我天天聞雞起舞學武術！
喝哈！

結果學得如何？
是學會了一點…

黔驢技窮…
只學成了懶驢打滾一招。

用武之地

要對付板橋十三娘子，不必用武力硬來。
不用武力用什麼？

用頂上這顆大腦便可以。

怎麼個好法？
還好，我的腦袋瓜不錯。

哇！
夠長、夠尖、夠殺傷力！
碰！

權力爭奪

要智取十三娘子，首先要成立對抗團體。
人多好辦事。

將眾男人聚在一起，得有個正式名義。
這名字不錯。
財團法人
驢子救援基金會

基金會成立了，眼前還有個問題要先解決……
的確！

我要當第一任會長！
敬老尊賢，應該我先當。

分工明確

誰當會長無所謂，依照各人專長分配工作更重要。
怎麼分配？

我頭腦好，你有腿力。
的確如此。

我智力高，適合當領導指揮全局。
那我呢？

驢子腿勁強，又能吃苦耐勞，適合打雜跑腿。

就地取材

咱們準備一個餡餅跟十三娘子調包，騙她吃下去，如此如此……
！
好計！

我們這就找十三娘子報仇去，不過旅途遙遠，該怎麼去？

眼前就有現成的交通工具。
在哪裡？

刻苦耐勞的好驢一匹！
…

厚此薄彼

年老的客人一宿收五兩。

這麼貴？

堅持己見

膽敢欺負我，妳到底把我看成什麼東西？

你眼大無神，鼻大無準，嘴大無唇，看起來像匹驢。

竟把我看成驢！妳再相仔細點，不然我殺了妳！

那你還是把我殺了吧！重相一遍還是像匹驢。

安眠祕方

明天就是報仇之日，想起來就心跳不已。

快睡覺吧。
報仇前夕興奮得睡不著。

我有安眠祕方送給你。
謝謝。

自然的安眠療法，沒有藥物副作用。

順延一日

起來了！睡過頭了！快起來，還有正事要辦啊！

太陽才剛出來，緊張什麼？

是太陽下山，你從昨天睡到傍晚！
！
……
這個簡單，報仇的事情明天再辦！

互不相讓

早！
都快中午了，還早呢？

兩位客人住兩宿，請結帳。

依本店規定，超過十點未退房，得多算一日房錢。
真會做生意。

既然要多付一天，還可以繼續睡，別浪費時間。
真不讓人占便宜…

資訊午餐

貴店不是供應免費早餐？
免費早餐時間已過，目前供應有商業午餐、工業午餐、資訊午餐。

那來一客資訊午餐品嘗品嘗。
行。

秀才不出門，能知天下事，靠的就是資訊。
只有白飯一碗，沒有菜？

主菜是各大報章雜誌。
……

老年優惠

商業午餐是菲力牛排，一客只要四百。
好貴！

七十歲老人吃牛排可有優待？
有的。

高齡客人吃高齡牛排，一樣的牛排，一樣的料理……

只是食物過期，提早了一星期做！

你來我往

好戲要上演了…
這是我親手做的名點驢記餡餅。

兩位若願賞光品嘗，房錢免費。

這是我親手做的餡餅，形狀味道與妳做的一模一樣。

若妳賞光品嘗，房租我願加倍付錢。

偷樑換柱

啊，上面是什麼？
想設計我趁機調包餡餅，我才不會中計。

十三娘子妳的眼睛真美…

真的嗎？
哇！閉起來更是好看。

嘻！我從前的男人也這樣說。
好了！可以開動了。

情況不變

十三娘子吃了邪術餡餅後，
變成了一匹驢子……
恐怖！
變變變！

驢大仙吃了邪術餡餅
之後變成了人……
恐怖！
變變變！

吳用吃了普通餡餅後，
人還是人。
一點也不恐怖，變來變去，但情況沒有改變…

吃餅前是兩人一驢，吃餅後還是兩人一驢，情況不變，完全一樣。

各有所得

俗話説惡有惡報，板橋十三娘子為惡，自食其果變為驢。

吳用得驢……

其餘諸人各有所得，驢大仙得店……
驢記餡餅
板橋飯店

蔡志忠得稿費一筆……

故事後話

話說驢大仙變成人之後，
賣起了驢叔餡餅……

驢叔餡餅
來了！

嘻嘻嘻！
哇，吃了餡餅
驢變成人！
中計了！

那又是關於驢族的民間傳奇——
《板橋十三驢叔》的故事了……
好嚇人的
故事……
可怕！

第十三篇　花姑子

安幼輿，陝之拔貢生。
為人揮霍好義，喜放生，
見獵者獲禽，輒不惜重直買釋之。
會舅家喪葬，往助執紼。
暮歸，路經華嶽，迷竄山谷中。
心大恐。一矢之外，
忽見燈火，趨投之。
數武中，欻見一叟，
傴僂曳杖，斜徑疾行。

前途遠大

話說陝西有位貢生，
名叫安幼輿。

安幼輿為人仁慈，
尤其喜歡放生。

你不愛讀書只愛動物，將來有什麼前途？

將來可籌組動物保護協會，當發起人。

習慣使然

自我宣傳

這兩隻烏龜賣給我，我拿去放生。
一隻十文，兩隻算你十八文。

安公子真是仁慈啊！

花錢買動物放生，默默行善不欲人知。
是啊！

誰說是默默行善？每隻都刻了我的名字。

大相逕庭

不分好壞

尺碼不合

啊！螞蟻被石頭壓到了。

快起來，要不要幫你敷藥？

安幼輿好心有好報，有時也會有動物回來報恩。
我是螞蟻精顯靈，想要以身相許。

可惜妳尺碼太小，配我不合適。

大幹一場

快逃！別再被逮到關進這裡了。

捨身供養

他是本郡的大善人，放生鳥獸無數。

只放不養不稀奇，像我捨身供養生靈無數。

你連自己都吃不飽，哪有這種能力？
誰說我沒這能力？

我每天用自己的血液供養跳蚤！
哇！

燒香拜佛

安幼輿連蚊子也不忍打，怪的是蚊子也不咬他。

你為何得天獨厚，蚊子不近身？
因為我燒香拜佛。

我也燒香拜佛，但蚊子還是咬我。

我燒的香不同。
蚊香…

設想周到

由於安幼輿不殺生，每天只吃素，不吃肉。

吃我的果實，斷人子嗣，豈不是同樣罪過？

我沒趕盡殺絕，留了兩個作種。

還替你節育，響應兩個孩子恰恰好，一個也不少。

自作自受

明天是浴佛節，到金山寺上香去。

替我準備馬匹，我要上山到寺廟去。

馬房裡只剩馬鞍，無馬可騎。
為什麼？

公子貴人多忘事，馬早被你放生到山裡去了。

矯枉過正

大排長龍

阿彌陀佛！浴佛節到貴寺上香。

要上大殿禮佛，請排隊進場。
！

抱歉！我不上大殿，只要見法海住持問禪。

見法海的請排這一邊。
排得更長！

累積功德

我乃陝西放生大善人，可否不排隊直接進寺去？

除非你也為本寺放生就可以。

這裡無鳥獸可買，要放生什麼？
有的。

直接放生銀子到功德箱裡。
……

沐浴淨身

今天是浴佛節，信徒得先沐浴淨身，才能進佛堂去。

洗澡好處多，能促進血液循環，又能消除全身疲勞。

洗澡時沒煩惱，你知道為什麼嗎？

因為一絲不掛！
腦筋急轉彎一百分！

天公作美

請到大殿廣場參加千人沐浴大會。

貴寺有這麼大的澡堂，能容納上千的信徒？
廣場就是澡堂，但供水得請老天幫忙。

有請上天降雨！
鈴鈴鈴！
嘩啦啦！
淅瀝瀝！
嘩啦！
多謝天公作美。

洗劫一空

一場大雨把全身洗個徹底。
要通過儀容檢驗，才能進大殿去。

嗶！！
身上還有髒性反應，到底是什麼東西？
嗶！
嗶嗶！

是錢包而已。
錢財正是不潔之物，請放在這裡。

洗得真是徹底。
謝謝。

虛應故事

謝謝。
安施主，請在此稍候，我先去通報師父。

有位陝西遠來的貢生求見師父，欲問佛法真諦。

今天是浴佛節，來寺的信徒逾千，無暇個別接見。
但這位施主捐款無數，是個大善人。

為了本寺的財源，你就敷衍他兩句吧。

功名利祿

陝西貢生安幼輿求見師父。

這是我的名片，請多多指教。
阿彌陀佛！

這是我的名片，請多多指教。

好多頭銜！
金山寺主持
宗教學博士
禪學會理事長
法海大師

放下我執

我一生造橋鋪路、放生、吃素，有沒有功德？

沒有功德！

有心積德而行善事，是將本求利做生意，因而沒有功德。

無心施為行善事，是無所求，才有功德。
……

功過不相抵

難道說買被捕之鳥獸放生也有錯？
是有錯。

有放生的人，便有捕捉鳥獸供人放生的人，捕捉時難免會有傷亡。

因此放生者少，死傷者多，你雖不殺伯仁，伯仁卻因你而死，豈不罪過？

況且捕了才放生，恩過不能相抵，反而多造罪孽，你說放生有沒有錯？
……

眾生不平等

佛本慈悲，
怎麼會欺負
動物？

鎮寺之寶

刻意的放生不能做，救援受難的動物總可以了吧？
當然可以。

那麼我想買下壓在雷峰塔下的白蛇去放生。

這條白蛇精價值連城，千金不賣。

因為本寺全仗她招來善男信女。

自我放生

同病相憐

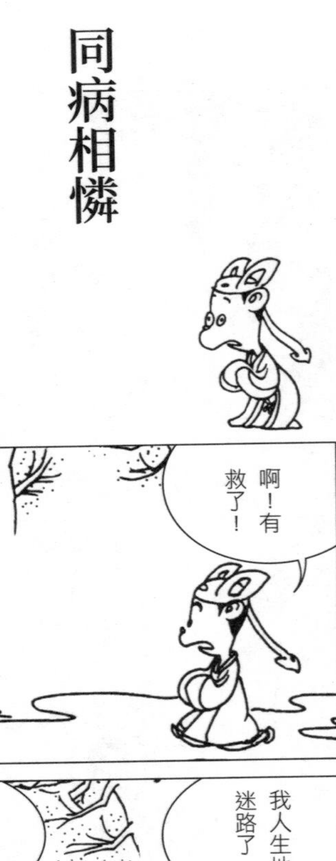

知恩圖報

不能擋風遮雨，但還是個窩。

有道是善有善報，我一生行善助人無數，如今有難竟無人出來報恩。
公子是我們的救命恩人。
歡迎到寒舍來小住兩天。

我的地穴雖小，但還可以擠一擠。

龜速前進

半天才走了幾步，可否加快速度？

登錄在案

恩公從前曾救過我一命，今日特來報恩。
!

請問我何時救過先生？
恩公為善不欲人知，怎麼會記得這等小事？

不不！我做過的善事筆筆做記錄。

只要你說出年月日，我立刻可以查清楚。

正宗「寒舍」

這裡就是寒舍，快請進。

竹葉全席

公子餓了吧，我來準備一些酒菜給公子解飢。
謝謝。

別費心張羅，你們吃什麼，我就吃什麼。

我們吃得比較特別，竹葉是我的主食。
全是竹葉…

竹葉沙拉、竹葉清炒外加竹葉青酒。
是竹葉全席！

蔬中五葷

你先喝兩杯，我再去準備點下酒菜。

我一生吃素，請勿準備肉食。

你放心！咱們也是素食動物，不吃肉食。

蔥、薤、韭、蒜、薑這五樣都是菜蔬。
雖是菜蔬，卻是五葷。

不合時機

我叫我女兒花姑子出來敬恩公幾杯。

這位安公子，是爹的救命恩人。
是安非他命族？

我叫安幼輿，叫安公子沒有那層意思。

只是碰巧姓氏不合時機。

黃花閨女

安公子救過我一命，妳應該敬他一杯，謝謝他救父之恩。
是。

姑娘今年貴庚？
已經五歲了。

五歲就長這麼大了？

啊…
咱們獸類一歲即可結婚生子，五歲已經是老姑娘囉。

女人香

花姑子雖然過了適婚年齡，但終身大事倒是不用擔心。

憑這外貌就能叫男士拜倒石榴裙下，外加身上的麝香味，更能迷死眾生。

動物變成人形，身上免不了有異味，請多多包涵。

人家已經擦了法國進口的香水，還說人家有異味！

相依為命

我今年二十一，身家清白，還未娶妻。若得花姑子為妻，願終生相愛相守。

我看花姑子愈看愈中意，她是我冬天的太陽，夏天的冷氣機。

但她也是我的自動洗衣機、洗碗機、電鍋。

我們父女相依為命，她嫁了，誰來照顧我的生活起居？

前車之鑑

你是人類，我們是獸類，人獸不能通婚，這門親事談不成。

誰說人獸不能通婚？許仙不是娶了白娘子？
就是說啊！

就是因為有《白蛇傳》的殷鑑，我更不可能答應。

人獸通婚，白娘子可有好結局？
……
……

苦酒滿杯

這酒明明是甜的，怎麼會苦？

忍者神龜

既然沒有心情喝酒，我請好友烏龜精送你回家。

烏龜時速一百米，送我回家要送到幾時？
很快、很快。

這隻龜不同。

「忍者龜」時速一百公里。

安全降落

心有所屬

夫人，公子平安回來了！
太好了！

娘！
娘以為你遭人綁架去了，真急死人。

孩兒只是在森林裡迷了路。
人能平安回來就好了，真是謝天謝地。

人雖回來了，心還迷失在森林裡。

替代品

不殺生

物理治療

對不起！

愛妳太深，積愛成疾，竟一病不起。

有實無名

公子知書達理，一表人才，我也很喜歡你。

其實不結成夫妻也沒關係。

可惜家父不答應，無福與你結成夫妻共度良緣。

只要能行夫妻之實便可以。

三寸金蓮

天亮了，我得回去了。
再見！

昨晚花姑子來看我，一見到她我的病就好了。
哦？

從她的足跡看來，分明是鬼狐異物。

胡說！明明是三寸金蓮。

解除任務

孩子，你昏迷三日三夜，真讓娘擔心死了。

大難不死，我要行善，放生三件以示慶祝。

第一件，我要放生父母。

解除你們「孝順」子女的終身義務。

養尊處優

照章辦事

第三件是放了你們這些奴隸。

撕了你們的賣身契，還你們自由身。

你們可以走了，還等什麼？

依勞動法規定，你還得發放退休金、資遣費才成。

萬全準備

啟稟爹娘，孩兒要再到山林去找花姑子。

這次遠行得有萬全準備才是。
孩兒知道。

爹為你準備了現金、信用卡、羅盤與地圖。

娘為你準備了毛巾、牙刷、肥皂、洗髮精與內衣褲。

動物村落

前面的山林就是花姑子的住處。

眼前除了亂石，哪有什麼村落？

誰說沒有？這裡正是我們的居處。

……
住滿可愛的動物家族。
可愛動物村

燈火之處

另有目的

話說華山密林裡，
有一條白蛇精
害人無數。

《白蛇傳》裡
我演好女人，這
次應導演要求，
客串演壞女人。

敬業的演員
會嘗試各種
角色，不挑
劇本。

去年得過最佳
女主角獎，今
年的目標是最
佳女配角獎，
這也是我接這
部戲的本意。

水蛇腰

白蛇長得朱唇大眼
小鼻子，十分美麗。

她扭動水蛇腰，
身段嬌媚無比。

成我者身材，
敗我者也是
身材。

上中下三段皆是
21、21、21。
21
21
21

勾引八法

勾引男人無非是使出酒色財氣四招。

再不成就祭出吃喝嫖賭這四種法寶。

如果八招都無效，妳還有什麼法寶？

那麼他便不是男人。

獨占的愛

愛是獨占，不能與人分享。

生吞活剝

救命啊！
這樣生吞活剝男人，不是太殘忍了嗎？

改個現代文明的吃法也成。

要離婚可以，不動產全部歸我，離婚賠償金外加贍養費共二十億。
……

白蛇喜歡生吞男人，被她看上的都成了她石榴裙下的亡魂。
哇！

修成正果

修行三百年，
終於吃足了
一百個男人。

自投羅網

哈！有一個迷路的男子羊入虎口。

把資料輸入電腦分析分析……

哇！條件真是太棒了。

真是個上選肉材。
姓名：安幼輿
性別：男
體重：60公斤
脂肪：65%
瘦肉：35%
肉質：甜美

捨己為人

嗚…
小姐孤家寡人在密林裡不怕碰上壞人？

我迷路了，三天三夜不曾進食。

我只剩一點乾糧，妳先吃點應急。

好人做到底，何不捨身讓我吃個夠？
哇！

特別優待

碰到我是你的不幸，只好認命接受死亡的擁抱。

我放生動物數百，竟遭遇這種下場，真是無天理。

原來你是動物的恩人，那我特別優待你。
謝謝。

保證不傷及你的皮肉，活人生吞。
啊！

替人行善

鹿精吃草，蛇精吃人，這是天經地義！

修行者應行善事，吃人豈非傷天害理？
吃人也是行善，為人類解決人口過剩問題。

口下留人，諸惡莫作，眾善奉行。

國際巨星

我是國際級明星，演女主角合情合理。

妳拍過什麼戲？

分工明確

正中下懷

來者不拒

四面夾擊

上好藥材

蛇、鹿都是我長壽星的寶物，誰受傷我都會心疼。

鹿、鶴是長壽的象徵，蛇跟長壽怎會有淵源？

蛇膽、蛇酒是我最愛，也是長壽的好藥材。

看在我太白星君面上，請停止戰爭。

萬眾焦點

白娘子，妳演的《白蛇傳》深受好評，何苦復出破壞這美好的句點？

因為不甘寂寞，喜歡當眾人的焦點。

喜歡被群眾包圍這個不難，我來成全妳。
謝謝。

快來看！亞洲第一大蟒蛇！大人一元，小孩五毛錢！

物盡其用

啊！他昏迷不醒，連鼻息都沒了！

仙翁，您好人做到底，求您給我救命仙丹一粒！

妳修行多年，體內的元珠即可救他不死。

人工養珠多年，終於派上用場。

祕密洩露

花姑子，真謝謝妳的救命恩情。

哪裡，別客氣。

禮尚往來

妳為我吐出元珠。

花好月圓

本太白星君鄭重宣布，兩位情投意合，結成夫妻。

結婚儀式禮成，恭喜兩位新人。
謝謝證婚人。

不能請您吃喜酒，送您新娘花致謝。
別客氣！

花好月圓，大餐豐盛得很。
……

第十四篇　周醋除三害

周處年少時，
凶強俠氣，為鄉里所患。
又義興水中有蛟，
山中有白額虎，
並皆暴犯百姓。
義興人謂為三橫，而處尤劇。
或說處殺虎斬蛟，
實冀三橫唯餘其一。

將錯就錯

各位讀者！現在為您演出新的故事：周醋除三害。

介紹我們的主人翁周醋出場。

名字介紹錯了，是叫周處，不是周醋。

將錯就錯無大礙，反正他不認識字，咱們就裝糊塗。

攀錯祖宗

話說吳郡陽羨義興有個周醋……
上學去上學去，到學校去！

周是大姓，我是周朝皇室的後裔…

周文王、周武王是我們周家的開姓先祖。

……
周文王叫姬昌，周武王叫姬發，他們不姓周，而是姓姬！

列祖列宗

周醋天生不是讀書料，老師教書，他睡覺……
之乎者也……
ZZZ

咔咔咔！
ZZZ

少年不用功，將來怎麼有臉見列祖列宗？

不會啊？我才剛從周家的祖先周公那兒回來！
！

瞠目結舌

周醋力大無窮，雙臂能舉巨石三百斤……
臂力驚人……

他喝酒也不輸人，一口氣能喝白干三斛……
酒力更嚇人……

周壯士你一共喝了酒三罈。
是三罈酒嗎？你別欺我不會數數而灌水喔？

一、二、三……不對！再算一次，一、二、三……
腦力也是低得驚人……

名揚四海

少年應立大志做大事，成天鬼混，只會在義興默默無名一輩子。

性格使然

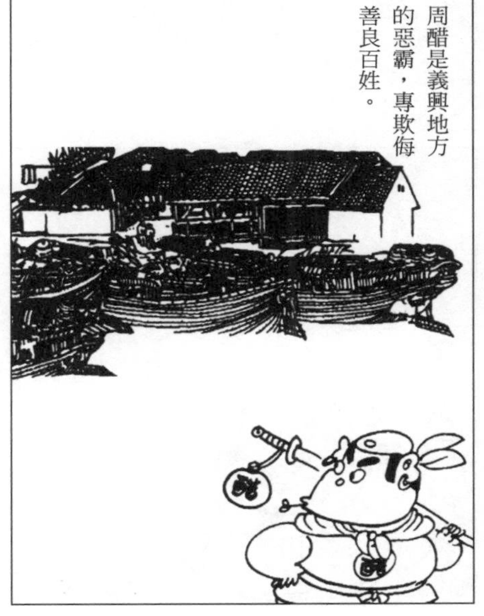
周醋是義興地方的惡霸，專欺侮善良百姓。

周醋會取這樣的名字是有典故的……

滾一邊涼快去！
好愛吃醋……
敢搶我第一男主角的鏡頭，不要命啦！

人丁興旺

回去問問父親，取名周醋是什麼典故？
因為你排行老六才命名為醋。

我有七個兒子：周柴、周米、周油、周鹽、周醬、周醋、周茶…
柴
米
油
鹽
醬
醋
茶

人生開門七件事，我個個都生足！

喝酒吃肉

醋酒同源差不多，可否改名周酒較好聽？
不行、不行。

周酒是我的大名，我弟弟叫周肉，我們酒肉不分家。

我怎麼從來沒見過叔叔？
因為他不在人世了啊…

喝酒吃肉，周肉早被我下酒吃下肚了。

主動請纓

周醋的老爹周酒是響馬出身的大尾流氓……

帶著七個兒子橫行天下，是流氓世家的黑腳黨……

虎父犬子，有我鎮場，你太小尾了閃一邊涼快去！
……

周醋除三害不夠看，先演檔由我擔綱的「流氓大亨」如何？
！

掃黑專案

這檔戲演員太多，光付演員費經費就不夠了。
沒錯。

人物太多，畫得手酸，交稿時間也急迫…

想個辦法請閒雜人等都下場！
這個簡單。

就來個掃黑專案，多餘的流氓全送外島不就成了！
……
……

橫行霸道

白臉惡霸

周醋雖是惡霸，但是生得細皮嫩臉……

你的皮膚太白了，去晒黑一點才像惡霸！

黑皮膚的惡霸只是小惡，白臉小生才能成大惡……

君不見京劇中最惡的曹操是個大白臉！

好漢不求饒

手下亡魂

總算刺好了！
謝謝你。

又有一條生靈在你手中成了亡魂。
正是。

每殘殺一條生靈，我就刺青做記錄。

落在我手裡的亡魂是老鼠六隻。

目光炯炯

周醋長得方面大耳，容貌俊秀，一點也不像壞蛋……

若生在九十年代，我正是演小馬哥的上選人才。

壞事做盡

隨便塗鴉算什麼壞事？太平凡了，不夠壞！

卻之不恭

女士優先

臥虎藏龍

義興禍不單行，壞事連連，城中有周醋，南山有虎，北澤有蛟龍。

惡虎蛟龍！我介紹你們出場了⋯
快出來見見觀眾！

臥虎睡覺中
!
ZZZ

藏龍不輕易示人

吃齋唸佛

話說義興南山上有隻虎凶惡無比，吃人無數…

糟了！把他吵醒，又要吃人了！

少造謠生事，冤枉好虎！

我早就信佛，吃素不吃人。
素食
食譜

間接死因

名不副實

你沒吃人，但人因你而死，當然是你的錯。

我不犯人，人不犯我。問題是人先侮辱我。

叫你老虎也有錯？
我最恨人家叫我老虎，人們卻偏要這樣稱呼我。

我才兩歲多，正年輕有勁，何老之有？

勢不兩立

你的思想太偏激了，大概是因為你一個人獨居的關係……

趁你還年輕討個老婆，或許能改掉這個毛病。

為什麼？
不成不成，我的不動產只有一座山，不能討老婆。

因為一山不容二虎。

不同視角

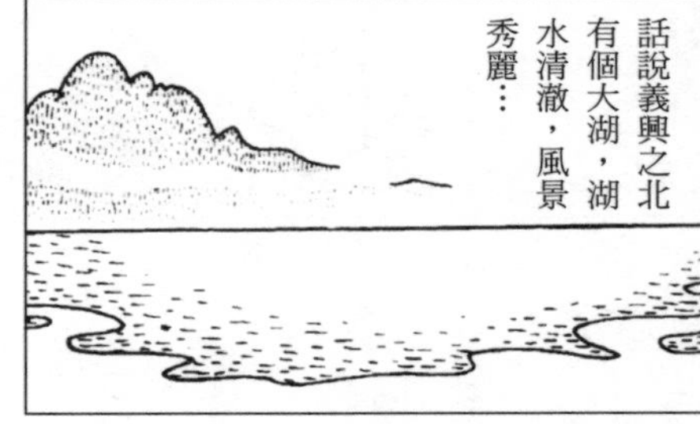

話說義興之北有個大湖，湖水清澈，風景秀麗…

農人眼中的湖…
可以灌溉作物，又可以捕魚！

遊人與哲學家眼中的湖…
水天一色。
寧靜。
商人眼中的湖…
可製礦泉水。

觀光賣點

買下湖邊林地，經營觀光事業，保證一本萬利。
是啊！

啊！湖中有龍形怪物出現！

湖中有水怪，會嚇阻遊客上門啊！
不！剛好相反。

湖中水怪有賣點，更可吸引人潮，有利觀光事業。

神龍擺尾

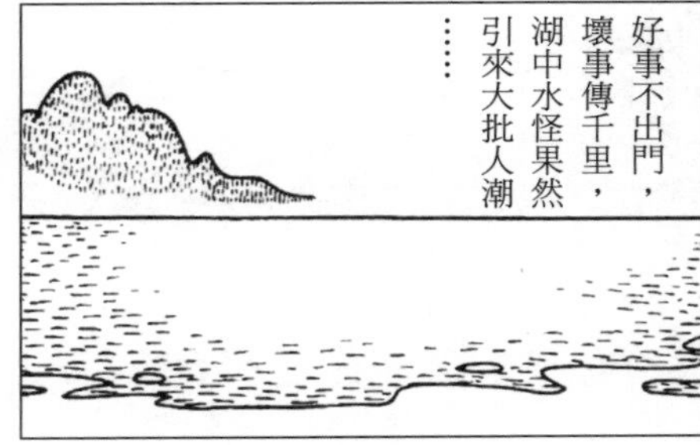
好事不出門，壞事傳千里，湖中水怪果然引來大批人潮……

有水怪嗎？
沒看到啊！
聽說是一條蛟龍。

哇，出現了！
龍出現了！
頭是三角形的！
奇怪的龍頭…

笨！神龍見尾不見首。

拍照收費

快點拍照留影！

啪！

啪！

啪！

一共拍了十六張，每張收費二十文。

道道地地

其實我的外形也是道道地地的龍……

是啊！

是啊！

先進動物

我真的是龍，為何人們說我像蛇不像龍？
可是龍應該有四隻腳啊！
我是有腳的，只是太小，藏於身體之中。

是進化！
所以腳已經退化了。

莊子說：百足之蟲快不若無足之蟲。無勝過有，故沒有腳是進化的最終成果。
原來我們魚也是先進動物。

人貴自知

獨眼蛟龍體型高大，卻有個不相稱的名字叫「小蟲」。

明明是龍，何故要取名為小蟲？
我媽媽說做龍要懂得謙虛。
不像有些小貨色，明明是魚蝦，還號稱自己是龍。
……
紅龍
……
龍蝦

其來有自

獨眼龍血緣是龍種，
生肖屬龍，與龍字
極有淵源。

他待人處事
八面玲「瓏」。
有麻煩
事找我
龍老大
幫你們
擺平。
他人
真好。

他又喜愛拍照……
來！笑
一個！

經常參加攝影沙「龍」。

愛鄰如己

獨眼龍生性溫和，但卻極恨漁人。

怎麼可以捕捉我的好鄰居！
哇！

謝謝你救了我們。
我這麼做是遵奉神的旨意。

基督說：愛你的鄰人如同自己。
阿門！
感謝上帝。
阿門！

橫行無阻

義興南山有惡虎，北澤有蛟龍，城中有周醋，三者都危害鄉里，當地人將他們合稱為「三橫」。

啊！是三橫之一周醋，我們快走！

請問為什麼稱你們是三橫，而不說三直？
這「橫」稱得好。

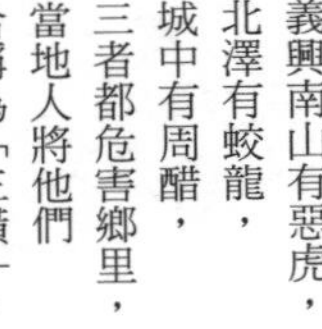

因為我們橫行鄉里，走路橫行霸道，稱橫很合理。

居住環境不好，應留下來改善，怎可以逃跑？

一針見血

老師，他們住這裡好好的為何要搬出去？

南山有虎她沒走，北澤有龍她也沒搬，村中有周醋，卻逼得她非搬家不可……
……

我倒要聽聽你對這件事有何看法？
有。

這證明了三橫之中，我最大尾！
……

一席之地

當年我是怎麼教導你的，怎麼會落到三橫之一？

老師教我們忠孝節義做人的道理。

我也教你為人要正正當當，要爭氣！

我有爭氣啊！在龍爭虎鬥的三橫名額中，我為人類爭得一席之地。

滿腹經綸

想當年我教導你們，是希望你們多方面發展，而不是只憑暴力而已。

老師的教誨弟子從來不敢忘記。

雖然我任俠尚武喜好暴力，但我也滿腹經綸。

腹上的刺青是我的打油詩句。
還真是寫了滿肚子⋯
阿花
我愛你

崇尚暴力

其實暴力也沒什麼不好，它是進化之動力…
這是什麼論調？

除了豹狼的利牙，什麼能使羚羊的腿矯健？

除了恐懼，什麼能使鳥展翼？除了飢餓，什麼能使鷹眼犀利？

是暴力論啊…
暴力可以推動社會前進。

獨占鰲頭

史記曰：「以暴制暴兮，不知其非也。」

既然你崇尚暴力，何不以你之力去擺平南山之虎與北澤之龍？

老師説過損人不利己之事不要做，做這事對我有什麼利？
對你當然有好處。

若能刺虎屠龍成功，義興的暴力市場將由你獨占。

交易談判

打虎還有錢可以賺？
沒錯。

好吧！我就聽你的話到南山刺虎，到北澤屠龍。
好極。

我來當你的教練兼經紀人，你出場的收入我要抽取百分之十利益。
行。

人與虎、龍世紀大戰，請交由我們轉播。
現場實況轉播一場權利金一千萬。
!
CNN

知己知彼

知己知彼，百戰百勝，請教練分析敵人的資料與戰略。
好的。

龍虎兩個目標，虎較弱，第一場就先刺虎，當作熱身。
行。

請打開課本第三十七頁…
動物

虎，哺乳類動物，毛有黑斑紋，聽嗅覺敏銳，性凶猛。
最怕上課了…

各有所愛

虎有白額黃斑虎、黑虎、美洲虎，但並非所有的虎都凶猛可怕。

我家中有虎，你家中也有虎一隻。

我愛我家的母老虎…

我愛我家的爬山虎。

決勝關鍵

有什麼必勝戰法？
虎極有蠻力，只能智取，我已從古詩中找到了老虎的弱點。

輸贏關鍵全在於與虎相鬥的地點。

為什麼？
若在山林中與虎決鬥，勝算不多，若在平原決鬥，一定能贏。

因為虎落平陽被犬欺！

額手稱慶

其中要數組頭最高興……

大家快來押注，先賭人虎相鬥這場好戲。

小試牛刀

歡迎打虎英雄周醋出場。
啪啪啪！
啪啪！
啪啪！

多謝各位來送行，本人一定不負使命。

這次刺虎我一定贏，因為本人打虎經驗豐富，拳到虎死！

昨日在家牛刀小試，打死了壁虎八隻可以證明。

事出有因

其實是因為我得到了衙門的內幕消息。

以防萬一

我捐白銀十兩以備你路上之需。
謝謝。
我捐醫藥一箱以備萬一受傷之需。
謝謝。

我捐礦泉水一打，以利你口渴之需。
多謝。
我捐上好棺木一具以備萬一。
這太過分了吧。
周

分配得宜

此次若能刺得虎歸，師母得其皮。
正好需要虎皮大衣。

陳大爺你得其骨。
可製虎骨酒真不錯。

黃老爺得其肉。
剛好沒吃過虎肉⋯⋯
老師得其鞭！
!
分配得宜。

包贏不輸

不論虎咬死周醋或周醋刺了虎，都是我們贏！

兩虎相爭必有一傷，三橫剩其二我們不是都贏？

包贏不輸！

演錯劇本

錯了錯了！沒有這段台詞！

開場暖身

上山刺虎前先殺兩隻假虎暖暖身。

此路是我開，此樹是我栽，欲過此路者，留下買路財。
！

何來劫匪？報上名來。
我是笑面虎。
我是攔路虎。

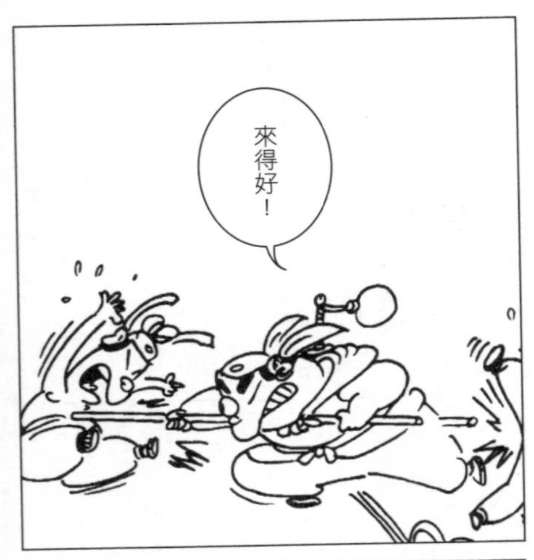
來得好！

出現虎跡

虛張聲勢

其實我生肖屬虎，也算是人中之虎。

天無二日、土無二王、家無二主、一山無二虎，你也敢到本山稱虎？

說！你算是什麼虎？

虛張聲勢的紙老虎⋯
⋯⋯

殺人不見血

我雖是紙老虎，但也吃人無數，不輸給真虎。

嘻嘻嘻，虎吃人不是新聞，人吃人倒是新鮮。

人吃人怎麼個吃法？
悄悄地吃！

先誘騙大家投資，非法吸金十億後捲款而逃，連累多人破產跳樓，死了三十幾人。
吃人不吐骨頭！

退隱江湖

這次到北山，就是為了刺你這隻虎！來一決勝負吧！

如今我早已退出江湖，不問武事，並已皈依佛門⋯

若是當年敢在我面前說這話，你早死定了！

諸惡莫做，眾善奉行，放下屠刀，立地成佛。
⋯⋯

約法三章

為了遵照劇本演出，這場決鬥不能免，還是要打。
好吧。

決鬥以前先訂個比賽規矩，約法三章。
你說！

頭不能打，手不能打，背不能打，只能打腹部和腳底。
為什麼？

因為人死留名、虎死留皮，虎皮不能受傷，你不懂嗎？

價值連城

我周醋是個壞蛋，名不值幾個錢，但皮的價值卻高過你。

你的虎皮可做地毯，一件賣十萬元台幣。
知道行情就好。

人皮沒有利用價值，也能賣錢？
當然。

我的皮有顧愷之的名畫刺青，價值一億。

秋老虎

廢話少說，咱們開打，一決勝負。
來吧！

都十月中了還這麼熱，決鬥起來都是汗水，很不舒服……
是啊！

身為虎但有時候還真不喜歡這種虎……
是啊！

秋老虎熱得討厭！
沒錯！

有樣學樣

喝！
砰！
招數怎麼跟我一模一樣？

惺惺相惜

兩虎相爭打得天翻地覆……
哈！
喝！

大戰三百回合，半斤八兩……
呼！
呼！
棋逢敵手不分勝負……
呼！

你的功夫真不錯。
其實你也很厲害。

英雄惜英雄。
乾！
相見恨晚。

量身打造

唬人專家

以頭取勝

哈哈哈！虧你還是三橫之一，原來膽小藝又低。

比體力我不如你，比智商和腦容量都遠遠高過你。
是嗎？

人的腦容量有一千五百克，智商一百一，的確高過虎，但近身肉搏戰頭腦能派得上用場嗎？
當然。

直接撞擊！
砰！
哇！

阿Q精神

！

兒子打老爹這是什麼天理？

暗中使壞

這場決戰還沒有開打，你就輸了一半，因為高智商的不會只以武力搏鬥。
你動了什麼手腳？

在你剛才喝下肚的酒中下了藥。
啊！果然肚子微痛……

沒那麼毒…
你在酒裡放了毒藥？

是放了點瀉藥！
廁所！廁所在哪裡！

選美身材

俗話說：鐵打的身體⋯⋯

也經不起三天的拉肚子。
哇！

我好不容易才練成的熊腰虎背，你看被你的下流手段折磨成什麼樣子？

成了選美的標準身材。
36
22
36

迫於無奈

哇！果然全身沒一點力氣…

虎吃人還要人的同情？
我認輸了，請手下留情饒我一命。

為何？
冤枉啊！只有老得跑不動的虎才會吃人，年輕的虎從來不吃人啊…

因為人肉太鹹不好吃。

一身是寶

閉目受死吧！
求求你饒我一命！

我對天發誓從今起改過自新，成為有用之虎。

正因為你太有用才會死命難逃。
怎麼說？

你全身上下皆是珍貴藥材，才會被捕獵得快要絕種啊。
骨製酒
虎皮大衣
膽活血
虎尾湯
壯陽鞭

畫虎不成

請別殺我，我找個替代品給你殺了回去交差吧？
也行。

就殺了這隻狗回去報銷吧！
怎麼會選狗？貓還差不多。

不不不！犬比較像虎，貓還差虎差得遠！
明明是貓比較像啊！

都說畫虎不成反類犬。你可聽過畫虎不成反類貓的嗎？
！

虎頭蛇尾

我還是取你身上的一部分回去交差比較妥當！
取哪部分？

不取虎頭也要取虎尾才能報銷。
哇！

虎頭不能給，虎尾倒還可以。
！

這段蛇尾代替虎尾，不會有人看出問題。
確實是像極……

罪加一等

我完成任務，到南山把虎殺了。
這惡霸又多犯了一條罪，陷義興鄉於不義。
害我們被外國人看不起。
！

我為你們殺死南山之虎，為何還不肯原諒我呢？
因為你殺害稀有動物，引起外國動保組織強烈抗議！
……

雙重標準

周壯士，刺虎得手後，還有個任務待辦，就是屠龍。

殺隻惡虎都引起動保組織抗議了，我還會笨到再去屠龍？

龍在中國是吉祥尊貴動物，在外國卻是邪惡的象徵。

殺虎會引起國外嚴重關切，屠龍卻可成為國際英雄。
這是什麼雙重標準？

屠龍大餐

好吧，我聽您的，明天就到北澤屠龍。
好極了。

屠龍若得手，我要龍膽。
我要龍鬚。
我要龍肝。

好，但今晚得先請我吃全龍大餐。
行。

紅龍

準備不周

各位再見，我要到湖中屠龍了。
一路平安！
加油啊！

……

後悔了？
懸崖勒馬？
準備不周，屠龍計畫要延期了。

忘記我是旱鴨子，還不會游泳。

全副武裝

我要報名游泳潛水速成班。

乾卦尋龍

太湖茫茫蒼蒼，從中尋龍不簡單。

請問貴寶地可真的有龍？

尋湖中之龍「難」，尋書中之龍「易」。
易經

易經乾卦，
初九：潛龍勿用。
九二：見龍在田。
九五：飛龍在天。
上九：亢龍有悔。

方向指引

物種演化

哈哈哈，從沒見過這種光溜溜的無腳龍！

我本是有腳的，現在已退化到身體之中了。

生辰八字

好吧，就姑且承認你是龍，但我本人也是龍。

又是自稱龍的傳人那一套？

不！這無關種族，而關乎生辰八字。

我生肖屬龍。
我生肖屬豬…

自報家門

周家生七子，柴米油鹽醬醋茶，在下排行老六，名叫周醋。

龍生九子，
一曰囚牛好音，
二曰睚眥好殺，
三曰嘲風好險，
四曰蒲牢好鳴，
五曰狻猊好坐，
六曰霸下好負重，
七曰狴犴好訟，
八曰贔屓好文，
九曰螭吻好吞。

我排行老九小名螭吻，性好吞。
吞什麼？

閒時吞雲吐霧，戰時吞人。

體型差異

義興水中有蛟，山中有邅跡虎，鎮中有周醋，三惡皆暴犯百姓，義興人謂之三橫。

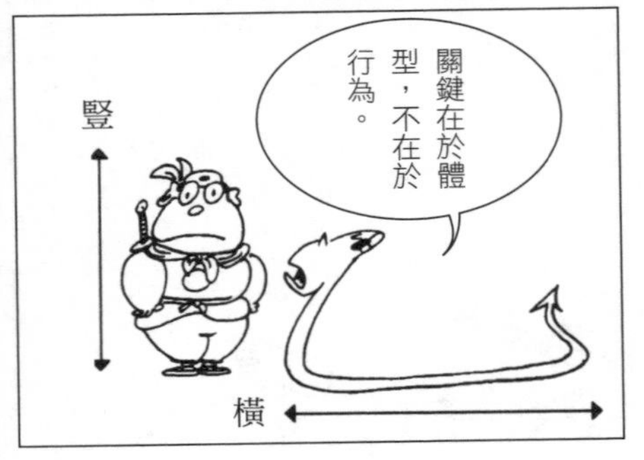

民意所向

閣下專程下湖來找小弟，有何貴事？

你是嘉興三害之一，我來除你這個水中惡霸，為民除害。

你們認定我是水中惡霸，但我們這邊可不這樣認定。

我們湖中公民投票表決後，有百分之七十認為牠是湖中守護神，不是惡霸。

強詞奪理

管你是否為守護神，我受託下湖就是為了除掉你。
你我湖水不犯河水，為何如此苦苦相逼？

沒辦法，因為我的小名使然⋯

小姓周名醋，醋性大發見不得有人與我齊名。

奪得先機

好吧！既然你執意如此，我就奉陪到底。
好極了！

快人快語，閒話少說，動手吧！

我沒手可動，不過早已先動了腳！
啊！

哇！踏出錯誤的一步，先輸一回合！

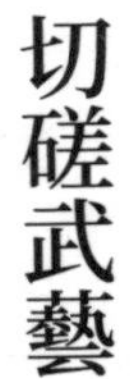
切磋武藝

殺！
噹！
啊！
噹！

好劍法。
謝謝。

啊！
噹！
噹！
噹！
謝謝。
好箭法。

防不勝防

禮尚往來

青龍吐珠！
謝謝你的禮物，正好可做龍珠戒指。

你送我一顆龍珠戒指，我回送你一串玻璃珠項鍊。

禮尚往來，有來有往不失禮。

夜間照明

兩惡相鬥，棋逢敵手，打得天昏地暗，分不出勝負……

天色太暗，能見度太差，咱們暫且休兵，明天再開打。

不可只顧自己，也要考慮到觀眾的權益……

比賽競技要備妥夜間照明才行。

束手就擒

龍困淺灘

有種別逃！

呼！

被我計誘到此，情勢對你不利。
淺水灣
龍困淺水受人欺！
淺水灣

能屈能伸

毀屍留影

勝為王敗為寇，要殺要剮隨你。

龍是稀有動物，請留給後世子孫一睹實物的機會，別殺他了。

好吧！我就依中國古蹟保存的實例處理。

用照片存影不失為權宜措施，至於實體還是得強行除去。

差強人意

我受命取你的命，空著手回去交差不行。

我希望你給我點龍角、龍尾或龍膽帶回。

只要跟龍有關係的，好讓我交差就行。

這就好辦，給你一甕龍眼吧。

不盡人意

湖面翻滾，血染滿湖，不知是誰贏誰輸？
我猜是龍贏！

謎底揭曉，是周醋贏！
啊！

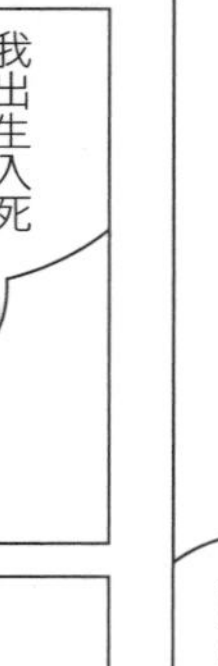
我出生入死屠得龍歸來，你們還不滿意？
唉！可惜！
唉！
唉！

若能兩敗俱傷，人龍皆亡，大家會更歡喜。

如假包換

屠龍成功，我想要戰利品。
我要龍膽！
我要龍肝！
我要龍鞭！

大家別爭，人人有份，每人一粒龍眼。
啊！
一條龍只有兩眼，何來這麼多？這一定是假貨！
誰說是假貨，是如假包換的龍眼。

動輒得咎

義興村民是在列隊歡迎屠龍英雄歸來？
嘩！
嘩！

怎麼還要抗議呢？
抗議！
周醋為惡
不滿！

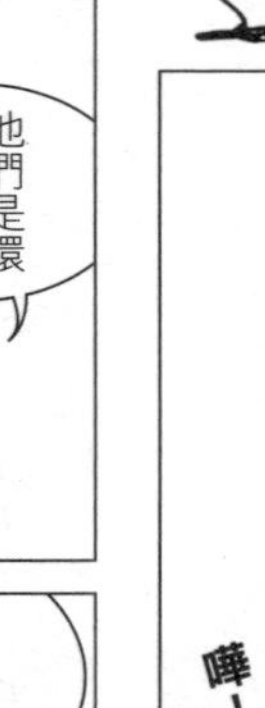

他們是環保團體！
入水前不是談好屠龍不會引起動物保育問題嗎？
抗議你屠龍污染了水源地。

轉窮為富

周醋雖然除了二害，但義興村人依舊不諒解他……

我冒死替大家除了二害，為何你們還不原諒我？

我早知道你刺虎屠龍後還是一無所得，不會改變什麼！
是有改變的。

從前我欺負富人，現在我自己就是富人！

模仿效應

義興三橫，你除其二，但還餘一橫是你本人，你不除，村民不放心。

為什麼？

不行！公眾人物不可以輕易自殺！

改過自新

其實你不必自殺，只要能改過自新，重新做人就好！

讓從前的周醋譬如昨日死，今日重生，村人就會滿意。

這倒很簡單，我立刻去辦！

戶政事務所
大仁里
請把周醋改名為周糖！
……

靈魂之窗

我已改過自新，心中不再有惡念。

孟子曰：「觀人觀其眸」，眼睛是心靈之窗，不會騙人。
你看吧！

眼睛果然明亮純潔，我喜歡！

我也喜歡你！

物極必反

從此周醋果真改過向善，一心一意為義興！
諸惡莫作，眾善奉行。

有誰敢破壞義興，我誓將他除去！

啊！公然在街口吐痰！

除第四害！
除過頭了⋯⋯
啊！

左右為難

從今起我放下屠刀立地成佛，每天吃齋念佛！
這樣才好！

南無阿彌陀佛，揭諦揭諦，波羅揭諦，波羅僧揭諦，菩提薩婆訶。

整天製造噪音公害！
又不對啦？

我只要你做好人，不需要藉任何理由殺人。

列祖列宗

我給你介紹個官做，你去報效國家吧。
是！

這位周醋是個人才，請替他安排個官做。
他的出身如何，後台可硬？

他父親周酒，祖先有周斐、周成、周敦頤、周昉、吳將周瑜是他的二十代祖。

也是周任、周昌，是正宗的周公的子孫！
果然又去見老祖宗了。

身負重任

你知道士身負什麼重任？
這個我懂！

士
將
士
士要保護將，別讓人給將軍了！

好吧！我替他安插個職位！
多謝將軍。

周醋聽令！從今起你就是士大夫！

一介上士

改農為士，
士農工商，
士最大呢。
哈！
哈！
哈！
哈！

這是委任狀，請發配軍服！

我的職位是上士喔！夠不夠大？

上士小得很，最多只能幹到士官長。

寧死不屈

向右轉！起步走！
1 2！1 2！1 2！1 2！

你這廢物，這麼簡單的基本動作也做不好！

你若尊重我這士兵，請殺了我吧，別罵得這麼難聽。
罵也不行？

……
因為士可殺不可辱！

愛惜性命

周顗仕進為御史中丞……

他決心把生命
奉獻給國家，
因此終生未娶…

最近有沒有交到好的女朋友？
我還不想死，不敢結交紅粉知己。

你沒聽說過：士為知己而死！

數量不符

惠帝太安二年，
氏人齊萬年反叛……

周醋衝鋒陷陣
奮勇殺敵……

哈哈哈！斬首萬計，今天真殺得痛快！

導演只發了兩百個便當，哪有一萬個臨時演員？

戰死沙場

戰情特報：咱們矢盡弦絕，又無救兵，將軍決定要怎麼辦？
不逃！不降！

我要為國捐軀，戰死沙場！

平白一死，對國家對個人都沒好處！
對我卻有好處。

本戲演完殺青，演死人還可以多拿一個紅包沖喜！

語言障礙

周醋求仁得仁，果然戰死沙場，享年四十三……

雖然前半輩子為惡，但改過向善，死後應可上天堂。

果然！
WELCOME !

天堂生活可真不簡單，語言是第一個難題…
And God is able to give you all grace in full measure; so that ever having enough of all things, you may be full of every good work.

附錄一

板橋十三娘子篇原文〈板橋三娘子〉

出處：出《河東記》，收錄於《太平廣記》幻術三〈板橋三娘子〉

唐汴州西有板橋店。店娃三娘子者，不知何從來，寡居，年三十餘。無男女，亦無親屬。有舍數間，以鬻餐為業，然而家甚富貴，多有驢畜。往來公私車乘，有不逮者，輒賤其估以濟之。人皆謂之有道，故遠近行旅多歸之。

元和中，許州客趙季和將詣東都，過是宿焉。客有先至者六七人，皆據便榻。季和後至，最得深處一榻，榻鄰比主人房壁，既而三娘子供給諸客甚厚。夜深致酒，與諸客會飲極歡。季和素不飲酒，亦與言笑。

至二更許，諸客醉倦，各就寢。三娘子歸室，閉關息燭。人皆熟睡，獨季和轉展不寐。隔壁聞三娘子悉窣，若動物之聲。偶於隙中窺之，即見三娘子向覆器下，取燭挑明之。後於巾廂中，取一副耒耜，並一木牛、一木偶人，各大六七寸。置於竈前。含水噀之。二物便行走，小人則牽牛駕耒耜，遂耕牀前一席地。來去數出。又於廂中，取出一裹蕎麥子，受於小人種之。須臾生，花發麥熟，令小人收割持踐，可得七八升。又安置小磨子，磑成麵訖。却收木人子於廂中，即取麵作燒餅數枚。有頃雞鳴，諸客欲發，三娘子先起點燈。置新作燒餅於食牀上。與客點心。季和心動遽辭，開門而去，即潛於戶外窺之。乃見諸客圍牀。食燒餅未盡，忽一時踣地，作驢鳴，須臾皆變驢矣。三娘子盡驅入店後，而盡沒其貨財。季和亦不告於人，私有慕其術者。

後月餘日。季和自東都回，將至板橋店，預作蕎麥燒餅，大小如前。既至，復寓宿焉，三娘子歡悦如初。其夕更無他客，主人供待愈厚。夜深，殷勤問所欲。季和曰：「明晨發，請隨事點心。」三娘子曰：「此事無疑，但請穩睡。」半夜後，季和窺見之，一依前所為。天明，三娘子具盤食，果實燒餅數枚於盤中訖，更取他物。季和乘間走下，以先有者易其一枚，彼不知覺也。季和將發，就食，謂三娘子曰：「適會某自有燒餅，請撤去主人者，留待他賓。」即取己者食之。方飲次，三娘子送茶出來。季和曰：「請主人嘗客一片燒餅。」乃揀所易者與噉之。纔入口，三娘子據地作驢聲。即立變為驢，甚壯健。季和即乘之發，兼盡收木人木牛子等。然不得其術，試之不成。季和乘策所變驢，周遊他處，未嘗阻失，日行百里。

後四年，乘入關，至華岳廟東五六里。路傍忽見一老人。拍手大笑曰：「板橋三娘子，何得作此形骸？」因捉驢謂季和曰：「彼雖有過，然遭君亦甚矣。可憐許，請從此放之。」老人乃從驢口鼻邊，以兩手擘開，三娘子自皮中跳出，宛復舊身，向老人拜訖，走去。更不知所之。

附錄二

花姑子篇原文

出處：《聊齋誌異》卷五〈花姑子〉

安幼輿，陝之拔貢生。為人揮霍好義，喜放生，見獵者獲禽，輒不惜重直買釋之。會舅家喪葬，往助執紼。暮歸，路經華嶽，迷竄山谷中。心大恐。一矢之外，忽見燈火，趨投之。數武中，欻見一叟，傴僂曳杖，斜徑疾行。安停足，方欲致問。叟先詰誰何。安以迷途告；且言燈火處必是山村，將以投止。叟曰：「此非安樂鄉。幸老夫來，可從去，茅廬可以下榻。」安大悅，從行里許，睹小村。叟扣荊扉，一嫗出，啟關曰：「郎子來耶？」叟曰：「諾。」既入，則舍宇湫隘。叟挑燈促坐，便命隨事具食。又謂嫗曰：「此非他，是吾恩主。婆子不能行步，可喚花姑子來釃酒。」

俄女郎以饌具入，立叟側，秋波斜盼。安視之，芳容韶齒，殆類天仙。叟顧令煨酒。房西隅有煤爐，女即入房撥火。安問：「此女公何人？」答云：「老夫章姓。七十年止有此女。田家少婢僕，以君非他人，遂敢出妻見子，幸勿哂也。」安問：「婿何家里？」答言：「尚未。」安贊其惠麗，稱不容口。叟方謙挹，忽聞女郎驚號。叟奔入，則酒沸火騰。叟乃救止，訶曰：「老大婢，濡猛不知耶！」回首，見爐傍有薥心插紫姑未竟，又訶曰：「髮蓬蓬許，裁如嬰兒！」持向安曰：「貪此生涯，致酒騰沸。蒙君子獎譽，豈不羞死！」安審諦之，眉目袍服，製甚精工。贊曰：「雖近兒戲，亦見慧心。」

斟酌移時，女頻來行酒，嫣然含笑，殊不羞澀。安注目情動。忽聞嫗呼，叟便去。安覷無人，謂女曰：「睹仙容，使我魂失。欲通媒妁，恐其不遂，如何？」女抱壺向火，默若不聞；屢問不對。

生漸入室。女起，厲色曰：「狂郎入闥，將何為！」生長跽哀之。女奪門欲去。安暴起要遮，狎接劇亟。女顫聲疾呼，叟匆遽入問。安釋手而出，殊切愧懼。女從容向父曰：「酒復湧沸，非郎君來，壺子融化矣。」安聞女言，心始安妥，益德之。魂魄顛倒，喪所懷來。於是偽醉離席，女亦遂去。叟設裀褥，闔扉乃出。安不寐；未曙，呼別。

至家，即浼交好者造廬求聘，終日而返，竟莫得其居里。安遂命僕馬，尋途自往。至則絕壁巉巖，竟無村落；訪諸近里，則此姓絕少。失望而歸，並忘食寢。由此得昏瞀之疾，強啖湯粥，則唾欲吐；潰亂中，輒呼花姑子。家人不解，但終夜環伺之，氣勢阽危。一夜，守者困怠並寐，生矇瞳中，覺有人揣而抗之。略開眸，則花姑子立牀下，不覺神氣清醒。熟視女郎，潸潸涕墮。女傾頭笑曰：「癡兒何至此耶？」乃登榻，坐安股上，以兩手為按太陽穴。安覺腦麝奇香，穿鼻沁骨。按數刻，忽覺汗滿天庭，漸達肢體。小語曰：「室中多人，我不便住。三日當復相望。」又於繡袪中出數蒸餅置牀頭，悄然遂去。安至中夜，汗已思食，捫餅啗之。不知所苞何料，甘美非常，遂盡三枚。又以衣覆餘餅，懵騰酣睡，辰分始醒，如釋重負。

三日，餅盡，精神倍爽。乃遣散家人。又慮女來不得其門而入，潛出齋庭，悉脫扃鍵。未幾，女果至，笑曰：「癡郎子！不謝巫耶？」安喜極，抱與綢繆，恩愛甚至。已而曰：「妾冒險蒙垢，所以故，來報重恩耳。實不能永諧琴瑟，幸早別圖。」安默默良久，乃問曰：「素昧生平，何處與卿家有舊，實所不憶。」女不言，但云：「君自思之。」生固求永好。女曰：「屢屢夜奔固不可，常諧伉儷亦不能。」安聞言，悒悒而悲。女曰：「必欲相諧，明宵請臨妾家。」安乃收悲以忻，問曰：「道路遼遠，卿纖纖之步，何遂能來？」曰：「妾固未歸。東頭聾媼我姨行，為君故，淹留至今，家中恐所疑怪。」安與同衾，但覺氣息肌膚，無處不香。問曰：「熏何薌澤，致侵肌骨？」女曰：「妾生來便爾，非由熏飾。」安益奇之。女早起言別。安慮迷途，女約相候於路。安抵暮馳去，女果伺待，偕至舊所。叟媼歡逆。酒肴無佳品，雜具藜藿。既而請客安寢。女子殊不瞻顧，頗涉疑念。更既深，女始至，曰：「父母絮絮不寢，致勞久待。」浹洽終夜，謂安曰：「此宵之會，

乃百年之別。」安驚問之。答曰：「父以小村孤寂，故將遠徙。與君好合，盡此夜耳。」安不忍釋，俯仰悲愴。依戀之間，夜色漸曙。叟忽闖然入，罵曰：「婢子玷我清門，使人愧怍欲死！」女失色，草草奔去。叟亦出，且行且詈。安驚孱愕怯，無以自容，潛奔而歸。

數日徘徊，心景殆不可過。因思夜往，踰牆以觀其便。叟固言有恩，即令事洩，當無大譴。遂乘夜竄往，蹀躞山中，迷悶不知所往。大懼。方覓歸途，見谷中隱有舍宇；喜詣之，則閈閎高壯，似是世家，重門尚未扃也。安向門者詢章氏之居。有青衣人出，問：「昏夜何人詢章氏？」安曰：「是吾親好，偶迷居向。」青衣曰：「男子無問章也。此是渠妗家，花姑即今在此，容傳白之。」入未幾，即出邀安。纔登廊舍，花姑趨出迎，謂青衣曰：「安郎奔波中夜，想已困殆，可伺牀寢。」少間，攜手入幃。安問：「妗家何別無人？」女曰：「妗他出，留妾代守。幸與郎遇，豈非夙緣？」然偎傍之際，覺甚羶腥，心疑有異。女抱安頸，遽以舌舐鼻孔，徹腦如刺。安駭絕，急欲逃脫；而身若巨綆之縛。少時，悶然不覺矣。

安不歸，家中逐者窮人跡。或言暮遇於山徑者。家人入山，則見裸死危崖下。驚怪莫察其由，舁歸。眾方聚哭，一女郎來弔，自門外噭啕而入。撫尸捺鼻，涕洟其中，呼曰：「天乎，天乎！何愚冥至此！」痛哭聲嘶，移時乃已。告家人曰：「停以七日，勿殮也。」眾不知何人，方將啟問；女傲不為禮，含涕逕出，留之不顧。尾其後，轉眸已渺。羣疑為神，謹遵所教。夜又來，哭如昨。至七夜，安忽甦，反側以呻。家人盡駭。女子入，相向嗚咽。安舉手，揮眾令去。女出青草一束，燂湯升許，即牀頭進之，頃刻能言。歎曰：「再殺之惟卿，再生之亦惟卿矣！」因述所遇。女曰：「此蛇精冒妾也。前迷道時所見燈光，即是物也。」安曰：「卿何能起死人而肉白骨也？毋乃仙乎？」曰：「久欲言之，恐致驚怪。君五年前，曾於華山道上買獵獐而放之否？」曰：「然，其有之。」曰：「是即妾父也。前言大德，蓋以此故。君前日已生西村王主政家。妾與父訟諸閻摩王，閻摩王弗善也。父願壞道代郎死，哀之七日，始得當。今之邂逅，幸耳。然君雖生，必且痿痹不仁；得蛇血合酒飲之，病乃可除。」生啣恨切齒，而慮其無術可以擒之。女曰：「不難。但多殘生命，

累我百年不得飛升。其穴在老崖中，可於晡時聚茅焚之，外以強弩戒備，妖物可得。」言已，別曰：「妾不能終事，實所哀慘。然為君故，業行已損其七，幸憫宥也。月來覺腹中微動，恐是孽根。男與女，歲後當相寄耳。」流涕而去。

安經宿，覺腰下盡死，爬抓無所痛癢。乃以女言告家人。家人往，如其言，熾火穴中。有巨白蛇衝燄而出。數弩齊發，射殺之。火熄入洞，蛇大小數百頭，皆焦且死。家人歸，以蛇血進。安服三日，兩股漸能轉側，半年始起。後獨行谷中，遇老媼以繃席抱嬰兒授之，曰：「吾女致意郎君。」方欲問訊，瞥不復見。啟襁視之，男也。抱歸，竟不復娶。

異史氏曰：「人之所以異於禽獸者幾希，此非定論也。蒙恩啣結，至於沒齒，則人有慚於禽獸者矣。至於花姑，始而寄慧於憨，終而寄情於恝。乃知憨者慧之極，恝者情之至也。仙乎，仙乎！」

附錄三

周醋除三害篇原文

出處：《世說新語》下卷〈自新篇〉

周處年少時，凶強俠氣，為鄉里所患。又義興水中有蛟，山中有白額虎，並皆暴犯百姓。義興人謂為三橫，而處尤劇。

或說處殺虎斬蛟，實冀三橫唯餘其一。處即刺殺虎，又入水擊蛟。蛟或浮或沒，行數十里，處與之俱。經三日三夜，鄉里皆謂已死，更相慶。竟殺蛟而出，聞里人相慶，始知為人情所患，有自改意。

乃入吳尋二陸。平原不在，正見清河，具以情告，並云欲自修改而年已蹉跎，終無所成。清河曰：「古人貴朝聞夕死，況君前途尚可。且人患志之不立，何憂令名不彰邪？」處遂改勵，終為忠臣。

蔡志忠
漫畫鬼狐仙怪 5

作者：蔡志忠

編輯：呂靜芬
設計：簡廷昇
排版：藍天圖物宣字社
印務統籌：大製造股份有限公司

出版：大塊文化出版股份有限公司
105022 台北市南京東路四段 25 號 11 樓
www.locuspublishing.com
Tel: (02)8712-3898 Fax:(02)8712-3897
讀者服務專線：0800-006689
service@locuspublishing.com

台灣地區總經銷：大和書報圖書股份有限公司
248020 新北市新莊區五工五路 2 號
Tel: (02)8990-2588
Fax: (02)2290-1658

法律顧問：董安丹律師、顧慕堯律師

ISBN 978-626-7483-22-0 （全套：平裝）
初版一刷：2024 年 8 月
定價：2500 元（套書不分售）